मौन कोलाहल की अनुगूँज

मृदुला पाठक

INDIA • SINGAPORE • MALAYSIA

Notion Press Media Pvt Ltd

No. 50, Chettiyar Agaram Main Road,
Vanagaram, Chennai, Tamil Nadu – 600 095

First Published by Notion Press 2021

ISBN 978-1-68538-991-8

माँ पापा आप के लिए

मौन कोलाहल
की
अनुगूँज

क्या कहूँ,
क्या न कहूँ,
के फेर में...

प्रो. एस.पी. सिंह बघेल
PROF. S.P. SINGH BAGHEL

राज्य मंत्री
विधि एवं न्याय
भारत सरकार
MINISTER OF STATE FOR
LAW & JUSTICE
GOVERNMENT OF INDIA

इस काव्य कृति में मृदुला जी ने विभिन्न बिंदुओं के माध्यम से स्वयं को और अपने अनुभवों को प्रस्तुत किया है, और उतनी ही प्रखरता से अभिव्यक्ति के स्तर पर भी वह सफल रही हैं।

उनकी प्रथम काव्य संग्रह मौन कोलाहल की अनुगूँज जीवन के विभिन्न रंगों और भावों से सराबोर है। चाहे वह पहली मुलाकात हो या पहला स्पर्श, मृदुला जी ने प्रेम और ज़िन्दगी के हर पहलू को नजाकत से हर्फ़ दर हर्फ़ पेश किया है।

जीवन में आए हर क्षण को उन्होंने अपनी कविता में खूबसूरती से ढाला है। उनके मन में उठी कुलबुलाहट और छटपटाहट उनकी कविताओं में स्पष्ट प्रकार से निरूपित है और यह सिद्ध करती हैं कि संवेदना कविता की आत्मा होती है ।

उल्लेखनीय है कि इस काव्य संग्रह मौन कोलाहल की अनुगूँज के आवरण की रचना स्वयं मृदुला जी ने किया है। मुझे पूर्ण विश्वास है कि यह सुंदर सरल काव्य कृति पाठकों की प्रशंसा अवश्य अर्जित करेंगी।

भवदीय

13.11.21

(प्रो.एस.पी.सिंह बघेल)

Office Add: Room No. 401, 'A' Wing, Shastri Bhawan, New Delhi-110001. Phone : +91-11-23381932, 23384204, 23382881, FAX : 23381932
Residence Add.: 7, K. Kamraj Lane, New Delhi-110011. Phone : +91-11-21410812, 21410813, Fax: 0+91-11-23070113
E-mail : mos-mlj@gov.in

डॉ सुमित गोस्वामी
निदेशक
DR SUMIT GOSWAMI
DIRECTOR

भारत सरकार, रक्षा मंत्रालय
Government of India, Ministry of Defence
रक्षा अनुसंधान तथा विकास संगठन
Defence Research & Development Organisation
योजना एवं समन्वय निदेशालय
Directorate of Planning and Coordination
कमरा नं. 154, डी आर डी ओ मुख्यालय
Room No. 154, DRDO Headquarters
राजाजी मार्ग, नई दिल्ली-110 011
Rajaji Marg, New Delhi-110 011

18.11.2021

कविता के रंगों ने हर व्यक्ति को कभी न कभी छुआ ही होगा । एक कवि और उसकी कविता या कृति तब सफल मानी जाती है, जब श्रोता या पाठक उस कृति में अपने आपको या अपनी परिस्थिति को जोड़ पता है ।

ऐसा ही एक काव्य संग्रह है 'मौन कोलाहल की अनुगूँज', मृदुला की रचनाओं को पढ़ते हुए मुझे भी ऐसा ही कुछ अनुभव होता है ।

उनकी रचनाएँ मित्र की भाँति आपको गुदगुदाती और मन मस्तिष्क को झकझोरती भी प्रतीत होती हैं ।

मृदुला ने बहुत ही तन्मयता से कविताओं को रचा है जो पाठक के भीतर एक लय तरंगित करती हैं।

उन्होंने अपने मन में उठे हलचल को , कोलाहल को और अपनी मनोदशा को बखूबी व्यक्त किया है उसकी अनुगूँज भी सुनाई देती है ।

प्रस्तुत कृति के लिए अभिनंदन; अगली कृति की प्रतीक्षा में।

सुमित गोस्वामी

(डॉ. सुमित गोस्वामी)

दूरभाष/Phone: 011-23016278, 23007155, फैक्स/Fax: 011-23016174, ई-मेल/E-mail: sumit@hqr.drdo.in

संजीदा ह्रदय की पुकार

उमेश चतुर्वेदी

सलाहकार

प्रसार भारती

भारत सरकार

अंतराल के बाद किसी शख्सियत से मिलना अक्सर चौंकाता है...कम से कम उन्हें तो जरूर जो संजीदा हैं...जिन्हें जगत-गति कुछ ज्यादा ही आलोड़ित करती है...अंतराल से पहले जिस रूप, उम्र और बोधस्तर पर में उस शख्सियत को आप छोड़ जाते हैं...इस बीच आपका नियमित साहचर्य नहीं रह जाता...तो आपके अंतर्मन में उस शख्सियत की वही पुरानी छवि, पुराना रूप और तत्कालीन आयु ही ठहर सी गई होती है...जाहिर है कि यह ठहराव उस व्यक्ति के बौद्धिक स्तर को लेकर भी होता है...लेकिन लंबे वक्त के बाद जब मिलना होता है...तो उस शख्सियत में बहुत कुछ बदल गया होता है...समय का पहिया उसे भी नई गति और नव ताल दे चुका है...स्पष्ट है कि उसका रूप, गुण, बुद्धि ही नहीं, तेज और प्रखरता भी कई बार बदल चुकी होती है...

इस संदर्भ में देखें तो मृदुला ने मुझे कई स्तरों पर चौंकाया है... स्कूल जाने वाली बच्ची से लंबे अंतराल के बाद मिलना हुआ तो पता चला कि उसके अंदर एक संवेदनशील ह्रदय भी निवास

करता है...जिसके भाव रह-रह कर उसकी लेखनी के जरिए काव्य सरिता के रूप में प्रवाहित भी होते रहते हैं...दोऊ पाटन के बीच सदानीरा बहती सरिता में हर वक्त एक कोलाहल होता है...बाढ़ के दिनों में वह हाहाकारी होता है तो सामान्य वक्त में लय और ताल का कोलाहल...मृदुला की रचनाधर्मिता दोनों ही तरह के कोलाहल से युक्त हैं...

कोलाहल के साथ मौन का विशेषण कुछ लोगों को चुभ सकता है, कई लोगों को कौतूहल से भी भर सकता है...आखिर जहां कोलाहल होगा, वहां मौन का निवास कहां? लेकिन इस कोलाहल से हर वह व्यक्ति परिचित है, जिसका दिल संजीदा है, जिसे दुनिया की कहानियां, प्रकृति के दृश्य और जिंदगी की उलटबांसियां कभी उल्लास से भरती हैं तो कभी कहीं और खोने के लिए बाध्य कर देती हैं तो कभी गहरे मौन में डुबकी लगाने के लिए मजबूर कर देती हैं। हर मौन के पीछे कोलाहल हो, यह जरूरी नहीं, लेकिन कई बार अंतरतम में जारी घात-प्रतिघात के बाहर जो शांत व्यक्तित्व होता है, वह इस कोलाहल का आदी होता है। मृदुला की रचनाओं में अक्सर यह कोलाहल नजर आता है।

मृदुला की रचनाओं को देख बरसों पहले की वह बच्ची अक्सर याद आती है, जिसकी मासूम नजरों में भी गहराई थी...अब लगता है कि पलकों के नीचे लगातार गहरी ताकती नजरें दरअसल जिंदगी के उस कोलाहल से लगातार जूझा करती थीं, जिसमें जीवन के हर रंग थे...उन्हीं रंगों की प्रौढ़ अभिव्यक्ति है मौन कोलाहल की रचनाएँ...

मृदुला का यह पहला प्रयास है...लेकिन यह कोशिश उम्मीद जताती है कि मौन कोलाहल की कवियत्री की रचना संसार व्यापक है और शिल्प की दुनिया में उसे लंबी यात्रा करनी है...

शुभकामनाएं

अंतर्वस्तु

पुरोवाक

कविता भाव मंदाकिनी के पवित्र प्रवाह से अभिसिंचित विशुद्ध हृदय-कानन का कुसुम है जिसका पराग-परिमल वसुंधरा के सुअंक में प्रसरित होकर मानवता एवं मानव-मनों में नवजीवन नवज्योति एवं नवजागृति का अभिसंचार करता है तथा उनके उन्नयन हेतु नया मार्ग प्रस्तुत करता है। कवी या रचनाकार अपने मन में या हृदय में कुलबुलाते भावों को कविता में आकृत करता है। कवयित्री मृदुला की स्वतः स्फूर्त भावधारा उनकी अनुभूतियों के कठोर चट्टान को फोड़कर प्रवाहित हुई है जिसमें वह स्वयं हैं, उनका परिवार है, परिवेश है और है उनका अतीत और अतीत का भोगा हुआ यथार्थ। वे साफगोई पसंद हैं, इसलिए सच्चाई को अभिव्यक्ति देने में तनिक भी संकोच नहीं करतीं।

वर्तमान के भाग दौड़ और आपाधापी भरी रोज़मर्रा की ज़िन्दगी के मचलते सवालों जवाबों को आकार देने का उन्होंने प्रयत्न किया है।

उन्हीं के शब्दों में -

"मैंने लिखा है,
एक अधूरी पहचान को,
हृदय की सहजता और दुर्बलता को,
अपने सामर्थ्य और सीमा को,
और लिखा है,
अपने सीमित एकांत में,
एक मौन कोलाहल की अनुगूँज को..."

वैसे मृदुला सृजन के संस्कार से सराबोर हैं। छंद-बंध, यति-गति, लय की उन्हें परवाह नहीं। सिर्फ भावों को हृदय की स्नेहिल डोर से बांधने में उन्हें महारत हासिल है।

मन की पीड़ा या सुख-दुःख को खुलकर शब्दों की माला में पिरोने में सिद्धहस्त हैं।

इसीलिए मन की गहराईओं में पैठकर भावों की मोती बिखेरती चलती हैं। स्पष्ट शब्दों में मृदुला ने स्वीकार किया है -

"नहीं है मुझे ज्ञान,
शब्द, विधा और भाषा का,
नहीं है मुझे बोध,
यति-गति और मात्रा का,
नहीं है समझ मुझे,
छंद, लय और कला का,
हाँ मगर बोध है मुझे,
सृजन का, सींचने, सहेजने और सहलाने का।"

भीड़ वाली दुनिया में पग पग पर चुनौतियों का सामना करना पड़ता है। यहाँ से उप्पाले में भी गहन अंधकार है। राग-द्वेष और छल-कपट को पार करना आसान नहीं है। इसीलिए मृदुला ने सभी को कठिनाईओं को पारकर सफल होने का मन्त्र दिया है -

"यूँ अपने हुनर की आहुति न चढ़ा तू,
यूँ भीड़ के पीछे न भाग तू,
दूसरों से अपनी तुलना ना कर,
अपने आप को कम आँका न कर,
है, छुपी एक अनोखी प्रतिभा तुझमें,

आगे बढ़ उसको पहचान तू,
नए सपनों की नीव रख,
अपने हुनर को निखार तू।
यूँ तो सवाल उठेंगे बहुत मगर,
करना है सैलाब को पार हो कर निडर,
उनके सवालों की आबरू रखना तू,
सवालों से ही देना जवाब तू..."

देश की सीमा पर संघर्ष करते जवानो को मृदुला ने देखा है। शहीद होते जवानों के परिजनों को बिलखते देखा है। विजय का उत्साह और उमंग भी देखा है। और उस परिवेश को करुण क्रंदन करते देखा है। तभी तो मृदुला चाक्षुष प्रतीति करने में कोई कोर कसर नहीं छोड़ती।

"वसुंधरा काँप उठी होगी,
भवँर पड़े होंगे समंदर में,
लहरें भी हज़ार उठी होंगी,
अम्बर भी तो गरज बरस रहा होगा,
जब खबर उन शुरवीरों की मिली होगी,
दिल हर एक का बैठा होगा,
सुन कर मौन करुणा की पुकार को,
अश्क़ तो ज़रूर,
तुम्हारी भी आँखों से बहा होगा,
श्रद्धांजलि धुन जब जब तुमने सुना होगा।
सोलह श्रृंगार में,
वह जो वैदेही सी दिखती थी,
बन कर नयी दुल्हन,
जब वह आयी थी,

खूब सजती, सँवरती,
चहकती, खिलखिलाती,
आँगन में यूँ ही फिरती थी,
जाने कैसे आप ही,
अपना सिंदूर धोया होगा,
सहमी सी अब दिखती है,
अपने ही दायरे में सिमटी रहती,
बिते लम्हों को सहलाती,
स्वरहीन रुदन किया होगा,
उनके दस्त-ए-तन्हाई को,
क्या कभी कोई समझा होगा..."

मृदुला की यह पहली काव्य कृति है। प्रथम प्रयास में ही उन्होंने अपनी प्रौढ़ता का परिचय दे दिया है। उनसे बहुत अपेक्षाएं हैं। प्रस्तुत कृति के लिए साधुवाद अगली कृति की प्रतीक्षा में।

डॉ रघुवंश मणि पाठक

रघुवंश मणि पाठक
(डॉ० रघुवंश मणि पाठक)
अध्यक्ष
बलिया हिंदी प्रचारिणी सभा
बलिया (उ०प्र०)

दो शब्द

"मौन कोलाहल की अनुगूँज" मेरी प्रथम काव्य कृति है और समर्पित है मेरे माता श्रीमती लल्ली पाठक और पिता डॉ आर एम पाठक को जिनके आशीर्वाद से यह संभव हुआ। जिनका मेरे जीवन पर, मेरे व्यव्हार पर, कर्म पर और मेरे रोम रोम पर अमिट और अतुलनीय प्रभाव रहा है।

यूँ तो पूरा परिवार ही किसी न किसी रूप में प्रोत्साहन का श्रोत रहा है। मगर मेरे पति कर्नल जी पी पाठक और पुत्र अनुत्सेक पाठक का विशेष सहयोग रहा है इस पुस्तक की रचना में। जैसे बीज से बीज सृजित होता है वैसे ही इस काव्य संग्रह का रोपण और सृजन हुआ है।

सास बहु का रिश्ता थोड़ा मीठा और थोड़ा तीखा होता है, इस पुस्तक रचना के प्रकरण में इस रिश्ते की मिठास और ही मधुर हो गयी है। माँ श्रीमती कौशल्या पाठक का बस इतना कहना "मैं यहीं बैठी हूँ तुम लिखो" एक अद्भुत ऊर्जा का संचार कर देता था।

मेरे बहुत से ऑनलाइन पाठकों और प्रशंसकों का भी बड़ा सहयोग रहा है। उनकी अंतर्दृष्टि और प्रोत्साहन ने मुझे हमेशा आगे बढ़ने को प्रेरित किया है।

मैंने इस कविता संग्रह के द्वारा मन में एकत्रित समस्त संवेदनाओं को संपूर्णता से अभिव्यक्त किया है। यह भावों की लय को और मन में हिलोरें पैदा करने वाली अभिव्यक्ति का संग्रह है।

इस सरल सीधे काव्य संग्रह के हर रचना में छुपी है एक लहर विचारों, संस्कारों और भावनाओं की। कुछ उमीदें, ख्वाहिशें और कल्पनाएं दबी हैं मेरी कविताओं में। कुछ प्रेरित हैं रोज़मर्रा के किस्सों और जज्बातों से, तो कुछ उपजे हैं प्रेम, व्यंग, उत्सव और उत्साह से।

प्रभु की अनंत अनुकम्पा को जीवन के हर क्षण चाहें दुःख हो या सुख मैंने अनुभव किया है और देखिये आज श्री कृष्ण जन्माष्टमी के दिन मेरी पुस्तक लेखन का कार्य पूर्ण हुआ।

ये भी तो उन्ही की कृपा और आशीर्वाद है।

मेरी कुछ रचनायें विविध मासिक और वार्षिक पत्रिकाओं में भी प्रकाशित हो चुकी है।

पढ़ते पढ़ते अगर मेरी किसी रचना का कोई भी रंग आपकी आँखों से होकर मन मस्तिष्क तक रंग जाए तो मेरा भी रंग निखर जायेगा और थोड़ा खिल जायेगा।

उम्मीद है की मेरी पुस्तक के पाठक कुछ तो कहेंगे और मन में कुलबुलाहट भी है कि कहीं कुछ ना कहा तो...

1. एक मौन कोलाहल की अनुगूँज

मैंने लिखा है,
रोज़मर्रा की बातों को,
कुछ ज़ज्बातों को,
जो उपजे हैं उन किस्सों से।
मैंने चुराया है,
कुछ जीवंत पलों को,
कुछ किरदारों को,
कुछ भूली हुई कहानियों को,
मैंने पिरोया है,
भावों की माला को,
और मैंने किया है,
एक अथक प्रयास,
अपने हुनर को तराशने की,
शब्दों से आपको बांधने की,
भावों के साथ आपको जोड़ने की।
मैंने लिखा है,

एक अधूरी पहचान को,
हृदय की सहजता और दुर्बलता को,
अपने सामर्थ्य और सीमा को,
और लिखा है,
अपने सीमित एकांत में,
एक मौन कोलाहल की अनुगूँज को।

2. कविता

नहीं है मुझे ज्ञान,
शब्द, विधा और भाषा का,
नहीं है मुझे बोध,
यति, गति और मात्रा का,
नहीं है मुझे समझ,
छंद, लय और कला का।
हाँ मगर,
बातों की,
भावों की,
कल्पनाओं की,
यथार्थ की,
बंधनों की,
है मुझे समझ,
और है मुझे बोध,
सृजन का,
सींचने,
सहलाने,
और सहेजने का।

तो, बांध देती हूँ,
अपनी टुटी-फुटी भाषा में,
बचपन की यादों को,
मन की बातों को,
सुख दुःख को,
क्रोध करुणा को,
दया प्रेम को,
रूठने मनाने को,
दिन रात के हिसाब को,
मन में उठे,
असमन्जस को,
विचारों की आवाजाही को,
और भी,
अनगिनत भावों को,
संजोकर,
अभिव्यक्ति में पिरोकर,
शब्दों में बांधकर,
लिख देती हूँ कागज़ पर,
कविता का आकार देकर।

3. मंथन

कोई आकृति,
कोई रचना नहीं,
रूपक की कोई प्रवृत्ति,
कोई उपमा नहीं,
ऐसा कोई अनुवाद,
कोई प्रतिलेखन नहीं,
क्योंकि,
शुद्ध या घातक,
विचारों और भावनाओं,
क्षणभंगुर या शाश्वत,
संबंधों और संवेदनाओं,
की कोई भाषा नहीं।

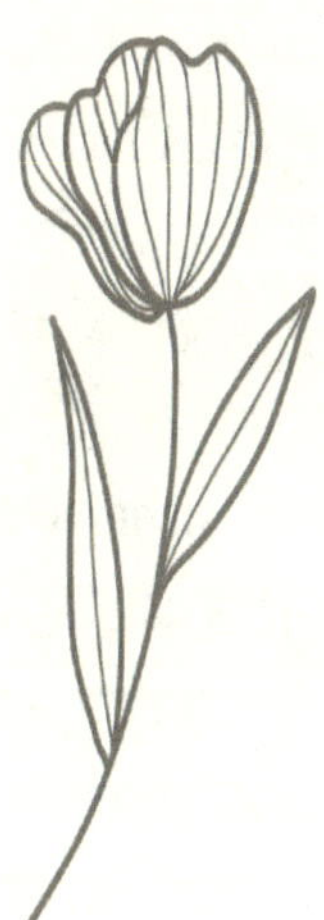

4. क्या किया है कभी महसूस

क्या किया है कभी,
महसूस तुमने भी,
लफ़्ज़ों की उलझनों को,
ख्वाहिशों की बेईमानी को।

या सुना है कभी,
तुमने भी,
निचाट खालीपन की गूँज को,
ख़ामोशी के मौन संवाद को।

पढ़ा होगा शायद,
तुमने भी,
कोरे कागज़ में छिपे,
असंख्य शब्दों को,
किताबों के मुड़े कोनों में दबी यादों को।

या देखा है कभी,
तुमने भी,
जज़्बातों के दंगल को,
करवट बदलते लहजों को,
और,
सचेत बैठे अहंकार को।

क्या किया है कभी,
महसूस तुमने भी,
ज़ख़्मों के हरे होने के सबब को,
परखने और समझने के फ़र्क को,
और कोमलता की नरम धार को।

5. श्रद्धांजलि धुन जब जब तुमने सुना होगा

वसुंधरा काँप उठी होगी,
भवँर पड़े होंगे समंदर में,
लहरें भी हज़ार उठी होंगी,
अम्बर भी तो गरज बरस रहा होगा,
जब खबर उन शुरवीरों की मिली होगी,
दिल हर एक का बैठा होगा,
सुन कर मौन करुणा की पुकार को,
अश्क़ तो ज़रूर,
तुम्हारी भी आँखों से बहा होगा,
श्रद्धांजलि धुन जब जब तुमने सुना होगा।

यादों के मलवे तले फिर से,
तन मन किसी का दबा होगा,
खोया होगा जिन्होंने अपने सूत को,
जंग में रणभूमि पर,

आँखे पथरा गयी उनकी,
जिन्होंने अपने आँखों के तारे को खोया होगा।

सोलह श्रृंगार में,
वह जो वैदेही सी दिखती थी,
बन कर नयी दुल्हन,
जब वह आयी थी,
खूब सजती, सँवरती,
चहकती, खिलखिलाती,
आँगन में यूँ ही फिरती थी,
जाने कैसे आप ही,
अपना सिंदूर धोया होगा,
सहमी सी अब दिखती है,
अपने ही दायरे में सिमटी रहती,
बिते लम्हों को सहलाती,
स्वरहीन रुदन किया होगा,
उनके दस्त-ए-तन्हाई को,
क्या कभी कोई समझा होगा।

गाला तो रुँध आया होगा,
तुम्हारा भी,
दौड़ गयी होगी,
एक लहर ज़रूर,
जब बेरौनक सा उनका,
बचपन देखा होगा,
उनके आँखों के सूनेपन को,
तुमसे देखा ना गया होगा,
जो पूछते होंगे सवाल अंतहीन,
खुदसे, तुमसे और वतन से,
अश्क़ तो ज़रूर,
तुम्हारी भी आँखों से बहा होगा,
श्रद्धांजलि धुन जब जब तुमने सुना होगा।

बैठ पिता से बातों बातों में,
वह सरहद की चर्चा करता था,
फौलदों सा इरादा,
दोनो चट्टानों सी हिम्मत रखते थे,
सरहद पर चली थी गोलियाँ कह,
अब वह पिता,

बस बेटे की चर्चा करता था,
जज़्बातों का तूफ़ान लिए,
जाने कैसे चलता था,
बुढ़ापे में वह,
लावारिस सपनों की चर्चा करता था,
दर्द के सन्नाटे में,
मौन करुणा की गूंज को,
तुमने भी तो सुना होगा,
अश्क़ तो ज़रूर,
तुम्हारी भी आँखों से बहा होगा,
श्रद्धांजलि धुन जब जब तुमने सुना होगा।

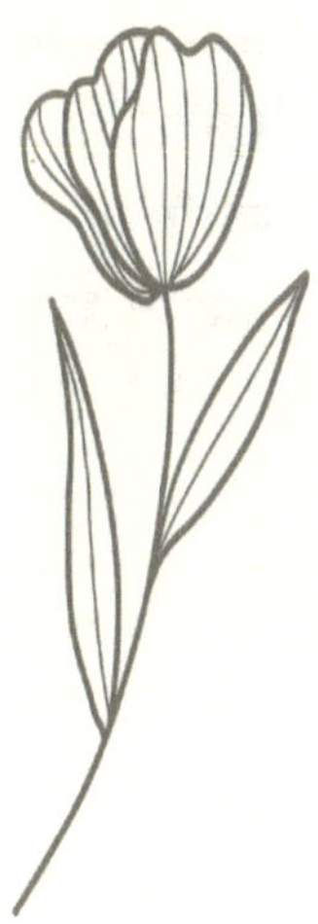

उसके घर आने पर,
सजा रहता था जो द्वार,
फूलों वाली तोरण से,
रहता था खूब जमघट,
और क्या ठहाके लगते थे,
आज भी वही है जमघट,
थाल भी सजी है फूलों वाली,
फर्क बस यही है,

तब ठहाके थे,
अब है शोर मातम का,
और सन्नाटा क्रंदन का,
उस उजड़े कुटीर को,
आँखों से बहते नीर को,
देख अश्क़ तो ज़रूर,
तुम्हारी भी आँखों से बहा होगा,
और महसूस तुमने भी तो किया होगा,
एक मौन कोलाहल की अनुगूँज को,
अश्क़ तो ज़रूर,
तुम्हारी भी आँखों से बहा होगा,
श्रद्धांजलि धुन जब जब तुमने सुना होगा।

6. अपने हुनर को निखार तू

यूँ अपने हुनर की आहुति ना चढ़ा तू,
यूँ भीड़ के पीछे ना भाग तू,
दूसरों से अपनी तुलना न कर,
अपने आप को कम आंका न कर,
है, छुपी एक अनोखी प्रतिभा,
आगे बढ़ उसको पहचान तू,
नए सपनों की नींव रख,
अपने हुनर को निखार तू।

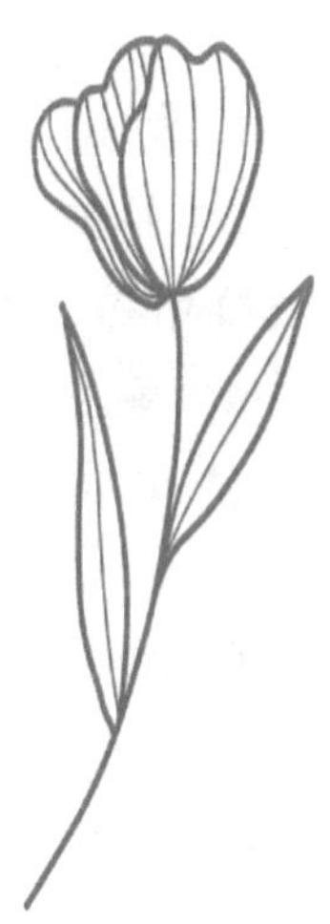

यूँ तो सवाल उठेंगे बहुत मगर,
करना सैलाब को पार,
हो कर निडर,
उनके सवालों की आबरू रखना तू,
सवालों से ही देना जवाब तू।

न रखना ख़्वाहिश,
महफ़ूज़ रास्तों की,

चुनौतियों के इस सफर में,
ना कोई विराम होगा,
ना आराम होगा,
दिन के उजाले में अँधेरा भी होगा,
इस सफर में धूप भी होगी,
बेहिसाब बारिश भी होगी,
निराशाओं का कुहासा भी होगा,
उम्मीदों की पीठ पर दरारें भी होगी।

करना है इस सैलाब को पार,
हो कर निडर,
उल्टी-पल्टी चलती बयार की तरह,
पतझड़ के उस अकेले फ़ूल की तरह,
सरसों के खिलखिलाहट की तरह।

किसी की नहीं सुनना,
नहीं सहना,
ठोकर लगेंगे हज़ार,
मगर,
टूट कर मत गिरना,

अपनी शुचिता की परीक्षा मत देना,
भाग्य और विवशता पर भी मत रोना,
अपने हुनर को,
तराशते रहना,
नए सपनों की नींव रख,
पंख अरमानों के फैला,
अपने हुनर को निखार तू।

कभी किसी को कोई,
हिसाब किताब मत देना तू,
क्योंकि,
प्रतिभा का सबसे बड़ा भंडार है तू,
सहिष्णुता की पराकाष्ठा है तू,
अपनी पहचान को बनाये रखना तू,
अपनी विनम्रता को बनाये रखना तू,
है, छुपी एक अनोखी प्रतिभा तुझमें,
आगे बढ़ उसको पहचान तू,
नए सपनों की नींव रख,
पंख अरमानों के फैला,
अपने हुनर को निखार तू।

7. चिट्ठियाँ

काठ के एक बक्से में,
बड़ी जतन से रखा है मैंने,
कुछ खत सालों पुराने,
लिखे थे जो तुमने,
तमाम पलों को संजोय कर,
ज़ज़्बातों को बेखुबी पिरो कर,
हर्फ़-दर-हर्फ़,
बयां करते,
फ़ैज़ान-ए-मोहब्बत,
निचुड़े तुम्हारी खुशबू में,
इठलाते और इतराते,
बिलकुल तुम्हारी तरह।

हर्फ़ धुंधले पड़ गए हैं,
रंग स्याही का भी,
अब हो गया है मद्धिम,
हाँ मगर पढ़ कर,

आँखें आज भी मुसकुरातीं हैं,
सिहर उठती हैं उँगलियाँ,
कुछ सिलवटें भी पड़ी हैं,
उन चिट्ठियों पर,
जैसे हैं मेरे और तुम्हारे चेहरे पर,
हाँ मगर,
जुनून-ए-शौक़ आज भी वही है।

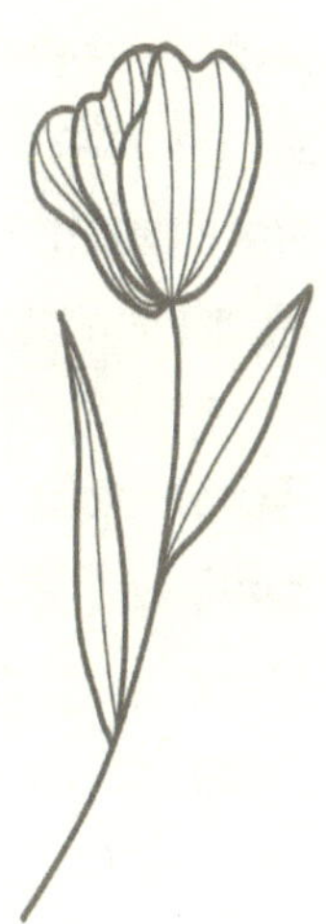

8. शोर सवालों का

अगर वक़्त पिघलता है,
और फिसलता है,
तो वक़्त को थामते कैसे हैं,
और रोकते कैसे हैं?

हाथों की लकीरों से,
अगर किस्मत बनती हैं,
और बिगड़ती हैं,
तो इन लकीरों को बनाते क्यों हैं?

जिसको भूलते नहीं,
उसको याद कैसे करते है,
जिसके साथ होते है,
उसका इंतज़ार कैसे करते हैं?

क्या कोई आईना ऐसा भी होता है,
जिसमे सूरत और सीरत,
दोनों दिखाई देता है?

अगर कृतज्ञता और विनम्रता,
मनुष्य का आभूषण है,
तो पछतावा कृतज्ञता से बड़ा क्यों है?

उठा है शोर सवालों का मन में,
हाँ मगर,
जवाब की कोई ख़्वाहिश नहीं मुझे,
तुम्हारी इस एक लम्बी सी चुप्पी में,
शायद मिल गया है जवाब मुझे।

9. भाषा स्पर्श की

एक स्पर्श माँ के मातृत्व का,
जो हर ले सारे दर्द को।

एक स्पर्श माथे पर पिता के स्नेहिल हाथों का,
जो बरसाते हैं आशीष दीर्घायु का।

एक स्पर्श पहले पहर का,
जो भर देता है ऊर्जा से तन मन को।

एक स्पर्श विदा होते वक़्त,
भाई के अँकवार का,
जो करता है परिभाषित परवाह को।

एक स्पर्श तुम्हारी हथेलियों का,
जो करता है तरल मेरी हथेलियों को,
और देता संकेत निःस्वार्थ प्रेम का।

एक स्पर्श उन यादों का,
जो अरसों बाद भी देता है,
वही ताज़गी मन को।

एक स्पर्श सबसे अनोखा,
वह पहला स्पर्श अपनी संतान का,
जो भर देता है अनमोल क्षणों से जीवन को।

एक स्पर्श जहरीला और घिनौना,
जो देता है बोध अच्छे और बुरे का,
और दबोच लेता है उर के उमंग को।

इन स्पर्शों के अनुभवों का,
नाम जीवन है,
जो है द्योतक शुभकामनाओं का,
क्योंकि जहाँ है,
भाषा स्पर्श की,
वहाँ नहीं है,
कोई दरकार लफ़्ज़ों की,
किसी भी संवाद के लिए।

10. मैं मौन में खो जाती हूँ

मैं मौन हूँ,
उनकी चुप्पी सुनकर,
मैं मौन हूँ,
विवादों को विराम दे कर,
मैं मौन हूँ,
घबराहट की चिल्लाहट सुनकर।

पर अहो,
कैसे तोड़े कोई,
चुप्पी और रंजीदगी को,
अंदर मचा हाहाकार जो,
मन की खटपट का,
यह बर्ताव कैसा,
बेवजह का टकराव क्यों,
ख़ामोशी का यह सौदा कैसा,
लफ्ज़ अब हैं महंगे क्यों,
अमिट एक रेखा खींची यहाँ,

इस चुप्पी और मौन में,
शब्दों का कोई वजूद कहाँ,
एक ही सरि के किनारे दो,
एक है निंदित,
दुजा मर्यादित यहाँ।

मैं मौन हूँ,
विकल्प तलाशने को,
उनको समझने और सुलझाने को,
मैं मौन हूँ,
शब्दहीनता से ध्वनिहीनता को देख कर।

मैं मौन हूँ,
वाणी का अपव्यय रोक कर,
मैं मौन में खो जाती हूँ,
इल्म का इंतिहा दे कर,
क्योंकि,
चुप्पी जितना ही भयावह गरजता है,
मौन उतना ही स्पष्ट उत्तर हो सकता है।

11. खुर्राट-खर्राटे

साँझ की लालिमा छटते ही,
पसार दिए थे पाँव रात ने,
और,
चादर इत्मीनान की ताने,
सब थे चित चारों खाने,
तभी यकायक,
कर्कश एक ध्वनि पड़ी कानों में,
जैसे किसी अबोध ने,
लगाई हो ताल तबले पर,
या छेड़ दिया हो ताल मृदंग,
प्रखर और प्रचंड,
करते गहरी निंद्रा का सुख भंग।

रात के सन्नाटे में
गूँज रहा यह हूटर था,
या मेघ गर्जन,

कभी लगे जैसे,
पड़ोस में कहीं,
मोटर साइकिल भर रही फर्राटे,
या हैं कहीं मेंढक टर-टर्राटे।

देख यह दृश्य,
माँ और भाभी परेशान हैं,
जैसे खर्राटों की हो,
प्रतियोगिता कोई,
सीना चौड़ा, नाक फुलाये, और मुँह बाए,
मार रहे खर्राटे-फर्राटे से,
जैसे साक्षात् कुंभकरण के अवतार हो,
कोई देता रेलगाड़ी को मात,
तो कहीं जैसे निकली हो,
भिनभिनाती मधुमक्खियों की बारात।

स्वयं हैं निद्रायमान,
और,
करते भाँति-भाँति के स्वरों से,

घर मेरा गुंजायमान,
आँख लगती नहीं,
की छेड़ देते अपने सुर ताल हैं,
खुर्राट-खर्राटों ने किया,
सबका नींद हराम है।

12. सबक

ज़िन्दगी को अब,
थोड़ा जीने लगी हूँ,
पहले से बेहतर,
समझने लगी हूँ।

लफ़्ज़ों की कम,
पड़ती है ज़रूरत,
चेहरों को अब,
थोड़ा पढ़ने लगी हूँ।

सीखने लगी हूँ,
ख़ामोशी से कहना,
और, चुपके से सुनना
शब्दों को सीमित रख,
अर्थों में विस्तृत होने लगी हूँ।

13. हुनर

खुद को बेहतर बनाने का,
हर रोज कुछ नया सीखने-सिखाने का,
हो सके तो ये हुनर मुझे भी सीखा दो।

बिन कहे सब बयान करने का,
सवालों का ख़ामोशी से जवाब देने का,
हो सके तो ये हुनर मुझे भी सीखा दो।

जटिलताओं को सरल बनाने का,
उलझनों को सुलझाने का,
हो सके तो ये हुनर मुझे भी सीखा दो।

अपने आंसुओं को छुपा लेने का,
उदासी में भी मुस्कुराने का,
हो सके तो ये हुनर मुझे भी सीखा दो।

अपनों से हार जाने का,
किसी को भी अपना बना लेने का,
हो सके तो ये हुनर मुझे भी सीखा दो।

ना को हाँ में बदलने का,
और हाँ में हाँ मिलाने का,
हो सके तो ये हुनर मुझे भी सीखा दो।

गिर कर संभलने का,
और संभल कर फिर से चलने का,
हो सके तो ये हुनर मुझे भी सीखा दो।

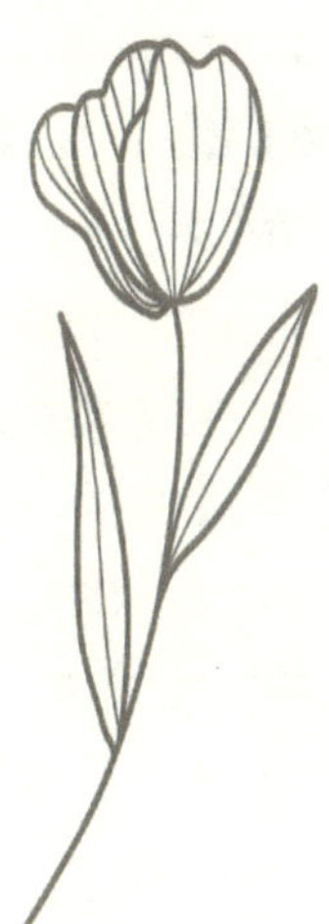

खुद को समझने और समझाने का,
खुद में खो कर खुद को पाने का,
हो सके तो ये हुनर मुझे भी सीखा दो।

14. चलन

शाम की तन्हाई में,
जो गहराई है,
वह उदासी है,
या है थकन?
ज़ेहन के गर्भ में,
जो सवाल है,
वह दर्द है या घुटन?
सिने में,
जो धुआँ उठा है,
वह आग है या जलन?
दो आँखों में,
एक सा हँसना,
एक सा रोना,
वह छल है या लगन?
क्या यही है जीवन,
या है एक चलन!!

15. फर्क

फर्क मुझमें और तुझमें,
मुझमें और तुझमें यानी,
दो सूरतों और सीरतों में,
उतना ही है,
जितना है,
गूढ़ता एवं सूक्ष्मता में।

फर्क टोहने और ढूंढने में,
नासमझी और अज्ञानता में,
शांत और गंभीर में,
निष्पक्षता और तटस्थता में,
फर्क ख़र्च और निवेश में,
संपर्क और जुड़ाव में।

फर्क है नजरिये का,
विचारों के सामंजस्य का,
फर्क है अनुभूति का,

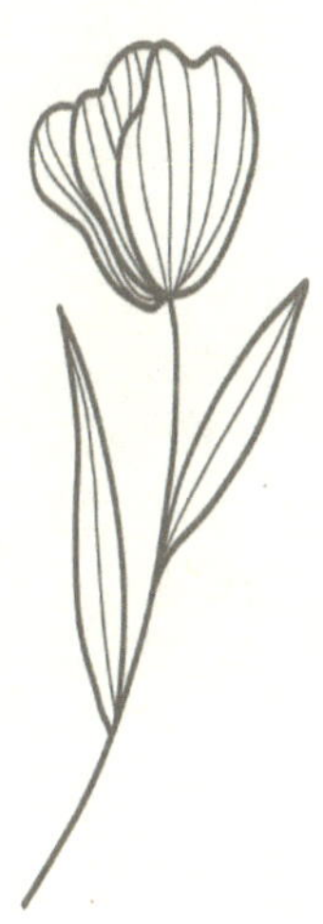

आसंजन और संसजन का,
फर्क है उषा की लालिमा से,
ऊष्मा से लालिमा तक का।

क्या जाने,
और जाने कौन,
कि ये फर्क ही है,
या है कोई कसकन।

16. एक प्याली और

याद आती है बहुत मुझे,
वह शाम पाँच बजे की चाय,
और दो बिस्कुट के साथ ढेरों राय।

माँ की फीकी वाली,
पापा की एक दम कड़क,
और,
तुम्हारी ख़ास अदरक वाली।

कभी समोसे,
कभी पकोड़े के बहाने,
तो कभी सर्दी बहुत है,
चाय पी लूँ तो जाऊँ नहाने,
सुबह की चढ़ती धुप हो,
या सुहानी साँझ हो,
चाय की बात ही कुछ और है,
कह, तुमने खूब चुस्की लगायी है।

आज फिर से,
ज्यादा मीठी हो गयी,
यह कह कर,
दुबारा बनवाई थी,
पहली बार जब,
मैंने चाय बनायी थी,
तुम क्यों नहीं पीती,
कह,
तुमने खूब चुस्की लगायी थी।

कभी इलायची कम,
तो कभी दूध ज़्यादा,
कह कर,
फिरवाई थी,
सारे शिक़वे-शिक़ायत,
तुमने चाय पर ही फरमाई थी।

सुनो,
अब, तुम अच्छी चाय बनाती हो,

यह कह कर,
एक प्याली मुझे थमाई थी,
इस दफ़ा एक छोटा कप,
और साथ में ढेरों गप,
कह कर,
तुमने दुबारा चाय बनवाई थी।

अब वो महफ़िल नहीं सजती,
न वो गलीचे बिछते,
और ना वो ठहाके लगते,
जब चाय की चुस्की के साथ,
बातों बातों में गंभीर किस्से भी सुलझते।

इस बार शक्कर ज़रा माप कर डालना,
चाय के साथ बिस्कुट ज़्यादा लाना,
कुछ पुराने किस्से भी दुहराना,
चाय के साथ,
शाम को भी यादगार बनाना,
आज कुछ पुराने यार याद आये हैं,

यह कह कर,
तुमने फिर,
दुबारा चाय बनवायी थी।

कभी मिजाज़ गरम,
तो कभी लहज़ा नरम,
तुम्हारी हर फरमाईश पर,
एक प्याली और,
मैंने चाय बनायी है,
और देखो कैसे,
तुमने,
मुझे चाय की लत लगवाई है।

17. वक़्त को सँवार लेते हैं

जाने कैसा एक समय था,
जब समय ही समय था,
ना खौफ था कुदरत का,
ना फिक्र थी ज़माने की,
एक अजब जुनून था,
कागज़ की कश्ती थी,
और वक़्त बे वक़्त,
बारिश का इंतज़ार था।

अब मिलती नहीं फ़ुर्सत,
जाने क्यों खो गए हैं,
ज़माने की भीड़ में,
ज़िंदगी की दौड़ में,
और,
आगे बढ़ने की होड़ में,
वक़्त के साथ ही दौड़ पड़े,
वक़्त को पछाड़ने में।

चलो ना,
वक़्त रहते,
इस वक़्त को सँवार लेते हैं,
कभी तो फ़ुर्सत से निहार लेते हैं,
अरसा हो गया,
साथ वक़्त बिता लेते हैं,
चलो ना,
गुज़रा वक़्त,
एक बार गुज़ार लेते हैं।

और,
फिर से तुम किसी शाम,
इंतज़ार का लुत्फ़ उठा कर देखो ना,
खुद को यूँ,
बेकरार करके देखो ना,
मैं जो खीझ जाऊं तो,
मुझे फिर से,
मना कर देखो ना,
ज़िंदगी ना जाने कब दे दे मात,

उजाले दिन से स्याह रात,
साथ बिता कर देखो ना।

चलो ना,
ज़िंदगी की आपाधापी से,
सुकून के दो पल उधार लेते हैं,
उस वक़्त को एक बार फिर,
फिर एक बार जी लेते हैं,
कुछ नए ख्वाब,
चलो फिर से बुन लेते हैं,
और थोड़ा,
थोड़ा और वक़्त साथ बिता लेते हैं,
चलो ना,
वक़्त रहते,
इस वक़्त को सँवार लेते हैं।

18. अवसाद

उकेर तुम देना,
मन की कुलबुलाहट को,
ज़ेहन पर है जो बोझ,
तन की थकावट को,
साझा तुम कर देना,
जीने की काविशों में,
घुटन को क्षण-क्षण छलने न देना,
सबको खुश करने की कोशिशों में,
अपने वजूद को खो मत देना।

नकारात्मकता बढ़ने न देना,
ना एहसास हीन छटपटाहट को,
आर पार तुम देख लेना,
अपनी वेदना को,
तुम वाचित कर देना,
शरण नीरवता की मत लेना,
भय और संकोच को देना तुम मात,

कर देना अपनी शंकाओं को व्यक्त,
भावों की धार बहने देना,
दर्द मत ओढ़ लेना,
बन बादल तुम बरस जाना।

गर हार भी गए तुम,
देते-देते परीक्षा और प्रमाण,
तुम सौदा मत कर लेना,
मत हारना,
धैर्य तुम,
वह अदृश्य है,
मगर अदम्य नहीं,
हावी मत होने देना,
अपने पर अवसाद,
कस कर पकड़ लेना,
हाथ मेरा तुम,
मूँद कर आँख,
करना हरी नाद।

19. प्रतिबिम्ब

रोज़ नए किरदार,
में नज़र है आता तू,
मुझको देख लाचार,
इतना क्यों है इठलाता तू।

इंसानियत की कर हद पार,
फिर भी है इंसान कहलाता तू,
ईर्ष्या की आग में जलता,
बस ख़ाक क्यों नहीं हो जाता तू।

इतना ज़हर,
मन में क्यों है रखता तू,
अपने साथ-साथ सबका,
तहस-नहस कर जाता तू।

छल-कपट है तुझमे अपार,
निज-स्वार्थ के लिए,
कुछ भी कर जाता तू,
और,
इतना गिर गया,
कि, अब उठ नहीं पाता तू।

द्वेष और अहंकार से भरा,
देख कितना खोखला है तू,
कि मन से मरा,
और,
जीवन की व्यथा से डरा,
दया का पात्र है तू।

इंसानियत की चंद साँसे रह गई,
संस्कार तो पहले ही दम तोड़ गई,
रिश्तों की गहराई,
अब शर्तों में जकड़ गई।

और,
देख कैसे तेरी ज़िन्दगी,
बस 'मैं' में,
उलझ कर रह गई।

हर बार,
और बार बार,
नजाने,
ये खेल क्यों खेलता तू,
जीत कर भी हर बार,
ज़िन्दगी से है हारा तू।

20. आपबीती

घर पर ही तो रहती हो,
सखियों संग खूब गप्पे लगाती हो,
बोलो,
फिर इतना थक कैसे जाती हो,
हर बात पर चिड़चिड़,
इतना क्यों खीझ जाती हो,
कह,
बातों के कितने तीखे,
बाण तुम चलाते हो।

कभी जो कॉफ़ी फेंट,
तुम मुझे पिलाते हो,
यारों के बीच बैठ,
सौ दफ़े बताते हो,
अपना जख्मी हाथ भी दिखाते हो,

और,
हमदर्दी के साथ-साथ,
वाह-वाही भी खूब कमाते हो।

मैं मौन सब सुनती,
कभी चाय,
कभी कॉफ़ी,
अब तो काढ़ा भी,
मैं दो दफ़े पिलाती,
वह सब बनाती,
और सब करती,
जो भी तुम फरमाते हो।

कभी तुम्हारी गीली तौलिया,
रुमाल और फाइलें,
तो कभी तुम्हारी जुराबें,
सब संभालती हूँ मैं,
अब,
इससे ज्यादा आपबीती,
और क्या सुनाऊँ मैं,

ऑफिस इनका,
पर ड्यूटी लगती हमारी है।

तुमने जितनी दफ़ा कहा,
उतनी दफ़ा बनाई,
चाय के संग,
हर बार,
बिस्कुट-पकोड़े भी लाई,
इस बार कोई खामी न निकले,
यह मन में सोचती,
तुम्हें जगाती हूँ।

इतनी जल्दी क्यों जगा दिया,
कह,
मुँह तुम बिचकाते हो,
लेकर प्याली हाथ से मेरे,
फिर खूब चुस्की लगाते हो,
और,
हर चुस्की के बाद,

तुम्हारी मुस्कान देख,
मैं मन ही मन मुस्काती हूँ।

लेकिन,
आज एक बात मुझे बाताओ,
ज़रा खुल कर मुझे समझाओ,
ऑफिस के ए सी,
में ही तो रहते हो,
चाय नाश्ता भी खाते हो,
दोस्तों के संग गप्पे मारते,
खूब किस्से सुनते-सुनाते हो,
और बॉस की शिकायतें,
खूब जम कर लगाते हो,
बोलो,
फिर तुम इतना कैसे थक जाते हो।

ऑफिस में काम बहुत है,
सब मुझे ही है निबटाना,
कह,

खूब बहाने बनाते हो,
और,
देखो कैसे,
शॉपिंग से पीछा छुड़ाते हो।

मेरी एक नहीं चलती,
तुम कभी मेरी बात नहीं सुनती,
कह,
देखो कैसे,
तुम एक-एक कर अपनी सारी,
बातें मनवाते हो।

21. असमंजस

अनसुलझे से हैं अफ़्कार कितने,
किससे पूछूँ,
बताऊँ किसे,
क्या है सही,
और गलत क्या है,
अपनी उलझनों से उबरूँ कैसे।

आर-पार की मझधार में,
जीवन मरण के बीच,
भूत अडिग अड़ियल,
खड़ा है क्यों।

पुण्य पाप में,
सही गलत में,
अंत शून्य में,
उत्थान पतन में,
बदलता है क्यों।

जिसकी तलब है,
उसी से परहेज़ क्यों,
क्यों नहीं बनता,
सामंजस्य ज़ेहन-ओ-दिल का,
यह असमंजस कैसा,
हैं कशमकश के शिकार क्यों।

22. करोनामय!!

है अंकित मेरी स्मृति पटल पर,
अमिट एक छाप बीते कल की,
जो है भेदता,
मेरे तन-मन को,
है मेरी स्मृति में,
स्मरण अकेलेपन का,
है अहसास बेबसी का,
जब अर्ध रात में,
डर से मैं सिमटती,
ज्वर से जर्जर,
दांत मैं भींचती,
दर्द असहाय मैं सहती,
कराहती मैं,
गला रुँध आता,
है अनजान खौफ भीतर,
आठों पहर,

बुनती मैं ताना बाना,
कलेजा मुँह को आता।

सांस लेती मैं,
रखती हिसाब पल-पल का,
अपनी ही साँसों का,
बंद एक कमरे में,
देखती देर तक,
वस्तुओं को,
जमा किया है जो मैंने,
पर अकेलापन अभी भी,
टहल रहा है इसी कमरे में,
करता अट्टहास मुझ पर।

सोचती देर तक खालीपन में,
क्यों है लगता सब अर्थहीन,
निर्विकार और भावहीन,
क्यों हो रही मैं ग्रसित,
इस गहरे अवसाद से,
कैसी है ये बीमारी,

नहीं करता जिसमें,
कोई तीमारदारी,
ना नब्ज़ पर हाथ रखा,
ना नाड़ी की गति नापी,
यूँ तो दवा भी है,
और है दुआ भी,
पर नहीं बनती बात,
शब्दों से कभी-कभी।

कैसा यह काल है आया,
मौन और निर्मोह,
कितने संताप संग है लाया,
जीवन मृत्यु के संघर्ष में,
चल रहा,
देखो कैसा,
प्रलय का यह प्रवाह,
रुकता नहीं,
क्या कभी यह थकता नहीं,
अदृश्य बीमारी का यह प्रकोप,
करता घातक हमले रोज़,
क्यों यह थमता नहीं।

है अंकित मेरी स्मृति पटल पर,
अमिट एक छाप बीते बचपन की,
कोमल और करुणामयी,
कितने संस्मरण,
है संगृहीत मेरे तन मन में,
अतुलनीय स्पर्श की,
होती है जिसमें,
शक्ति अपार,
और है करता हर,
बीमारी का उपचार,
वह स्पर्श आत्मीयता भरा,
रख सर अपनी गोद में,
कैसे हाथ था फिराया ममता भरा,
एक थपकी पीठ पर,
एक हाथ कांधे पर,
सहानभूति भरा,
है जीवनधार,
मानव स्पर्श का होना,
क्या कुछ नहीं,
सिखा गया हमें कोरोना।

23. चाय तुम्हारे हाथ की

रोज-ए-अब्र हो,
या हो शब्-ए-महताब,
उन्हें है तलाश बहाने की,
हमें है तलब पिलाने की,
सुकून वाली,
एक प्याली चाय की।

एक प्याली तुम्हारे साथ,
सुबह-शाम की,
जिसका नशा है बे-हद-ओ-हिसाब,
होती है जिस पर चर्चा,
और व्यापार तमाम,
जो मिल जाती कभी मुझे भी,
ऐसी ही एक प्याली,
चाय तुम्हारे हाथ की।

देख ख़ुश मिज़ाजी मौसम की,
जाते हैं जब लॉन्ग ड्राइव पर,
किसको नहीं होती है चहास,
थर्मस वाली,
एक प्याली चाय की।

रिश्तों के खींच तान को,
बदल देती है तालमेल में,
और दिलाती है,
अहसास स्नेहिल यथार्थ का,
मेहमान नवाज़ी वाली,
एक प्याली चाय की।

बात हो खुशनुमा सुबह की,
या ढलते सूरज के साथ की,
मेल हो चाय और किताबों का,
या नुक्कड़ पे हो साथ यारों का,
होता है हर बार वही नयापन,
देती है हर बार वही ताज़गी
एक प्याली चाय की।

अब तो बेवक्त और बेवजह,
होती है तलब-ए-चाय मुझे भी,
क्या बात हो गर,
मिल जाए मुझे भी,
तुम्हारे हाथ की,
सुकून वाली,
एक प्याली चाय की।

24. ताकि तुम भी देख सको वही ख़्वाब

ले आये हो जो मुझे दिखाने,
ये मंज़र-ए-शब-ताब,
चंद उम्मीदें,
कुछ ख़्वाब,
और हसरते तमाम दिखाने।

मैं नज़रें जमाये,
देखूँ और उतारूँ,
अपनी आँखों में,
चंद उम्मीदें,
कुछ ख़्वाब,
और हसरतें तमाम,
ताकि तुम भी देख सको वही ख़्वाब।

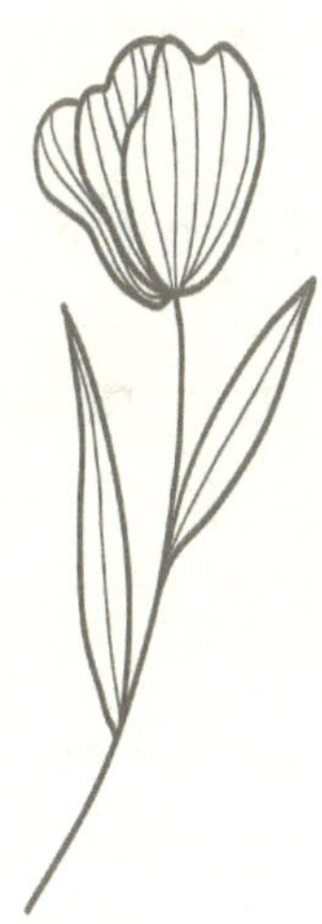

जो देखूँ मैं ख़्वाब,
उन्हें एक आकार देना चाहूँ,
ढालना चाहूँ,

उन्हें शब्दों में,
ताकि तुम भी देख सको वही ख़्वाब।

कुछ ऐसे भी हैं,
जिन पर कब्ज़ा है किसी और का,
उन्हें भी देखना चाहती हूँ,
और देना चाहती हूँ,
उन्हें एक सूरत,
ताकि तुम भी देख सको वही ख़्वाब।

कुछ बेरंग और बदरंग भी हैं,
उन्हें रंग देना चाहती हूँ,
कुछ के रंग बदलना चाहती हूँ,
ख़ूबसूरत बनाना चाहती हूँ,
ताकि तुम भी देख सको वही ख़्वाब।

कुछ हैं बेज़ुबाँ,
कुछ सो गये हैं रोते-रोते,
उन्हें आहिस्ता से जगाना चाहती हूँ,
ताकि तुम भी देख सको वही ख़्वाब।

कुछ ऐसे भी हैं,
मैंने खुद से ही,
जिन्हें छुपाया है,
उन्हें भी देखना चाहती हूँ,
ताकि तुम भी देख सको वही ख़्वाब।

25. एक मकान को घर बनाते हैं

एक शहर से दूसरे,
दूसरे से तीसरे,
जाने कितने शहर बदलते हैं,
एक मकान को घर बनाते हैं,
हर बार एक नए सिरे से,
अपना आशियाना कहीं और बसाते हैं।

जैसी भी हो दशा,
कोई भी हो दिशा,
एक पुराने ढाँचे को करीने से सजाते हैं,
जैसी भी हो दीवार,
भर देते हैं नए रंगों से,
ख़्वाबों और ख्वाहिशों के,
महकते गुलदस्तों से,
अपनी नई बगिया को सँवारते हैं,
और हर बार की तरह,
फिर से एक मकान को घर बनाते हैं।

इस प्रक्रिया में एक फौजी,
घर और मकान के बीच की,
विविधता को क्या खूब समझते हैं,
ठीक वैसे ही जैसे,
घर की छत सब जता देती है,
और नींव चुप सब छुपा जाती है।

प्रेम, ममत्व और सुंदरता,
घर का अर्थ होता है सहजता,
ख़ुश क़िस्मत होते है जो,
एक ही घर में एक उम्र तय करते हैं,
यादों को संजोते,
नए रिश्तों को बनाते,
और रंग जाते हैं,
उन्हीं मिलते जुलते रंगों में।

एक शहर से दूसरे,
दूसरे से तीसरे,
जाने कितने शहर बदलते हैं,
एक मकान को घर बनाते हैं,

और पीछे छोड़ जाते हैं,
दरवाज़े-खिड़कियाँ,
मेज़-कुर्सियाँ,
सुनी पड़ी छत पर पीपल की टहनियाँ,
किसी दराज़ में,
एक पुड़िया यादों की,
एक टुकड़ा अपने पहचान की,
और,
एक झलक अपने उम्र की,
पीछे छोड़ जाते हैं।

26. मैं लिख तो दूँ

मैं लिख तो दूँ,
सूखे पत्तों की सरसराहट को,
पर कैसे लिखूँ दूँ,
दबे पाँव तुम्हारे आने की आहट को।

मैं लिख तो दूँ,
जेठ की दोपहर को,
पर कहो कैसे लिखूँ दूँ,
तुम्हारे इंतज़ार को।

मैं लिख तो दूँ,
सागर की गहराई को,
पर कैसे लिख दूँ,
तुम्हारे दिल की गहराई को।

मैं लिख तो दूँ,
जवाब उन सभी सवालों के,
पर कैसे लिखूँ दूँ,
तुम्हारी चुप्पी को।

मैं लिख तो दूँ,
उन सबके कहकहे को,
पर कहो,
कैसे लिख दूँ,
तुम्हारे अनकहे को।

मैं लिख तो दूँ,
दिन रात के इशारे को,
पर कैसे लिख दूँ,
तुम्हारे साथ बिताये लम्हों को।

मैं लिख तो दूँ,
चाँद सितारे को,

पर कैसे लिख दूँ,
तुम्हारे माथे के नूर को।

मैं लिख तो दूँ,
मेघ गर्जन को,
पर कहो कैसे लिख दूँ,
तुम्हारे खर्राटों को।

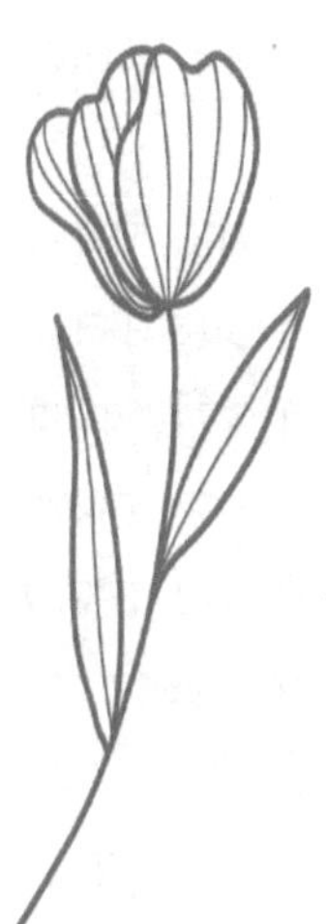

27. हे मेरे ईश्वर

शून्य से विस्तार तक,
सम्पूर्ण ब्रम्हांड में,
है समाया,
साम्राज्य तेरा,
हो पृथ्वी, प्रकृति या प्रलय,
है सब विधान तेरा।

ये रात दिन,
ये आसमान ज़मीन,
ये कश्तियाँ ये किनारे,
ये धुप बारिश,
ये चाँद सितारे,
सब इशारे तेरे,
तूँ ही है सूत्र,
सब है सूत्रधार तेरे,
है खेल अजब तेरा।

द्वेष दम्भ,
चिंता लोभ,
पाप पुण्य,
धर्म अधर्म,
फल कर्म,
इनसे न है कोई अछूता,
है सब रहमत तेरी।

पर ये बता,
चलूँ मैं कैसे,
मुझे ज़रा सीखा,
उलझनों में,
उलझी मैं,
सुलझायूँ कैसे,
कोई राह तो मुझे दिखा।

आज होकर विवश,
हुए हैं खड़े,
आड़े तिरछे रास्तों पर,
हे मेरे ईश्वर,

नित मुझे दिखा राह नए,
ताकि चल सकूँ मैं,
ना बदलूँ अपने इरादे को।

हे मेरे ईश्वर,
नित मुझे रचा शब्द नए,
लिख सकूँ मैं,
असत्य की हार,
अहंकार के वार को,
धीमे धीमे पनप रहे,
रिश्तों की भयावहता को,
ताकि लिख सकूँ मैं,
समता के भाव को,
व्यवहार में संवेदना,
समानुभूति के आभाव को,
और अस्तित्व के सार को।

28. ले चल मुझे फिर से

चल ले चल मुझे,
उस गलियारे में,
जहाँ आता था मज़ा,
मिल बाँट कर खाने में,
जहाँ उँगलियाँ मिलाने से,
हो जाती दोस्ती पक्की।

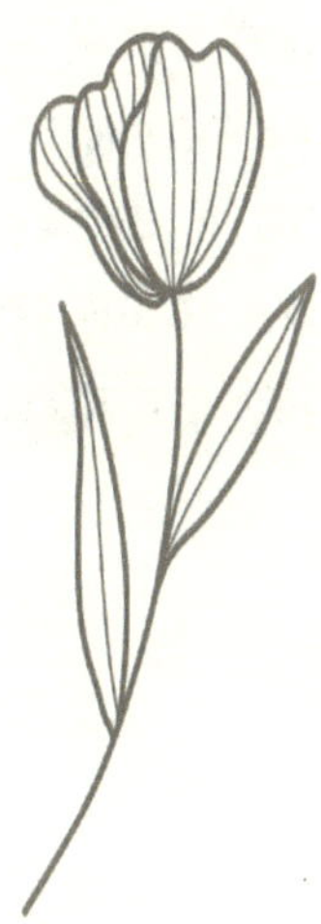

ले चल एक बार,
मुझे उस पहर में,
जब था समय सबके पास,
ना थे फासले दिलों में,
ना रिश्तों में दरार।

ले चल मुझे,
उस गलियारे में,
दूर जिमेदारियों के जद्दोजहद से,
बेख़ौफ़ बेलौस बेफिक्री ढूँढ लाते।

ले चल मुझे एक बार,
फिर उस पार,
जब सोते थे बेपरवाह,
न रोने की कोई वजह,
न हँसने का बहाना था।

बेवजह अब हँसते नहीं,
नींद रात भर रोती है,
जाने क्यों है मुझे,
बचपन चिढ़ाता बार बार,
उम्र के उस बेहतरीन हिस्से में,
चल ले चल मुझे,
फिर एक बार।

29. मन का मस्तिष्क से

पंछी सा मन मेरा,
चंचल विह्वल,
आवेग प्रबल,
तुक्ष सी परिधियों में,
कश्मकश अजीब,
उलझने अज्ञात,
हो रहा घटित जो,
या है घट चुका वो,
जूझते दिशाविहीन,
कभी बेसुध सा,
भागता रफ़्तार से,
कभी चोटिल सा,
जैसे सेज ज़ख्मों का,
कभी मदमस्त भँवरे सा,
गाए गीत प्रणय के,
हो रणभूमि तन मेरा,
और छिड़ी हो जंग जैसे,

मन का मस्तिष्क से,
जैसे जुड़ी डोर आभा की,
तीरगी की तार से,
हैं अधिकृत एक दूजे के,
फिर ये बिगाड़ कैसा,
असहमति क्यों,
क्यों करता सवाल,
छेड़ता ध्वनि तरंगे,
जा टकराती लहरों से,
हार के डर से,
रोकता लड़ने से,
रचते षड्यंत्र दोनों,
है यह तौर प्रकृति का,
या है मानव प्रवृति का,
करता है माप दंड,
संस्कृति का,
विकृति का,
सामाजिकी का,
मानवीकि का,
या परिस्थिति का।

30. प्रतिभा बनाम कौशल

कामयाबी की परिभाषा,
रोज़ है बदलती जहाँ,
प्रतिभा बनाम कौशल,
हैं प्रदर्शन पर दोनों यहाँ,
बेबाकी से देते अंजाम,
देख दोनों एक दूसरे को,
ललचाते,
दृढ़ संकल्प और समर्पण,
दोनों इतराते,
कौशल का होता जहाँ,
प्रदर्शन,
प्रसार और प्रचार,
मूल्यों में पतन होते,
अक्सर गुम जाती है प्रतिभा वहाँ,
अर्थ नहीं जिस प्रतिभा में,
बेकार कौशल होती वहाँ,
आरजुओं की गुम होती चमक,

डूबे सपनों के समंदर में,
आँखों में अब है लहू खारा वहाँ,
रोक देते हैं प्रगति,
होगा उत्थान कहाँ,
नहीं है कद्र प्रतिभा की जहाँ,
बाज़ारवाद पसार रहा पाव वहाँ।

31. मैं हूँ

मैं शांत हूँ,
निःशब्द नहीं।

मैं गुम हूँ,
पर गुमशुदा नहीं।

मैं हूँ,
फिर भी मैं नहीं।

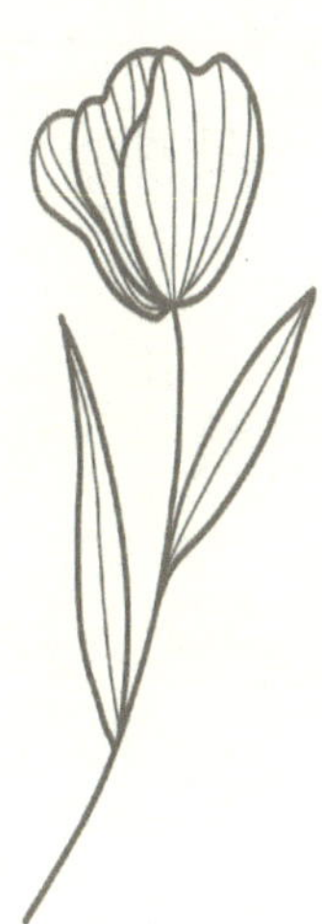

मैं हूँ अपने इख़्तियार में,
पर उनके दयार में नहीं।

मैं हूँ शुमार,
पर उनके कारोबार में नहीं।

मैं हूँ उनकी पहचान में,
पर उनको परवाह नहीं।

मैं हूँ अनकही बातों में,
पर उनकी जिक्र में नहीं।

मैं हूँ उनके करीब,
पर अपना समझा नहीं।

मैं हूँ,
फिर भी मैं क्या हूँ,
साबित ये मैं कैसे करूँ,
कि मैं हूँ।

32. सिमटता अस्तित्व

यह और वह,
अब और तब,
के बीच अविदित अस्तित्व।

किस्तों को भरने,
और ख्वाहिशों को तौलने,
के बीच सिमटता अस्तित्व।

हार की चीत्कार से,
उहापोह के शिकार में,
सिकुड़ता-सिमटता सा अस्तित्व।

अपार सम्भावनाओं,
नैतिकता और सम्पन्नता,
यश और प्रसिद्धि के बीच,
सीमित सा अस्तित्व।

अडिग,
अटल,
अस्मिता और अस्तित्व,
लिपटे,
जूझते,
लड़खड़ाते,
लड़ रहे हैं,
खुद के ही,
सिमटते अस्तित्व से।

33. यादों की यात्रा पर

जब क्षितिज की छत से,
बिछी हो चाँदनी,
और खिल गए हो तारे,
जब तेज हो हवाएँ,
और महक रही हो यामिनी,
पारिजात सी,
तुम आना तब,
मैं करुँगी वहीं,
तुम्हारा इंतज़ार,
जहां ना नजर हो भोर की,
ना हो शोर जन की,
तुम आना तब,
मैं कहूँगी एक कविता,
तुम्हारे कहने पर,
हैं बातें बहुत,
हम जागें,

रात सारी संग,
मैं कहूँगी,
तुम और मैं,
तुम बताना,
दोनों मिलकर कितने हुए,
मैं कहूँगी रंग,
तुम बस बुझते जाना,
हर एक रंग,
करके याद,
बीते हुए,
पलों को,
वह पहली,
मीठी थपकियों को,
मीठी-सी,
वह सुगंधि पारिजात की,
जो रिसती जा रही थी,
रात भर,
भीतर तक,
ठहर गई थी हवाएँ,
पर तरलता हवा की,

रिसती जा रही थी,
भीतर तक,
यह सिलसिला बस थम न जाएँ,
नदियों की तरह,
अनवरत हो जाएँ,
ये जहान जहाँ तक,
फैला हो वहाँ तक,
भीड़ भाड़ से दूर,
खामोशी के नज़दीक,
क्षण-क्षण,
यादों की यात्रा पर,
चलेंगे फिर से,
तुम आना तब,
क्षितिज की छत से जब,
बिछी हो चाँदनी,
और खिल गए हो तारे,
जब तेज हो हवाएँ,
और महक रही हो यामिनी।

34. कितना

कितना गम,
ज़ख्म को नासूर बनाता है,
कितना दर्द,
दर्द को असहनीय बनाता है,
कितनी सुन्दरता,
इंसान के मन को भी सुन्दर बनाती है,
कितनी शर्म,
बेशर्मी की हद को तय करती है,
कितनी उम्मीद,
निराशा को आशा में बदल देती है,
कितना ज्ञान,
ज्ञान को घमंड में,
और
अज्ञानता को जिज्ञासा में बदल देता है,
कितना प्रयास,
रिश्तों को टूटने से बचाता है,

कितना ज़्यादा,
सम्पन्नता दर्शाता है,
कितना कम,
विपन्नता दिखाता है,
कौन करता है ये हदें तय,
ये हिसाब कौन लगाता है।

35. सब्र

कहा था एक रोज़ तुमने,
सब्र कर तेरा भी वक़्त आएगा,
रखा है सब्र एक ज़माने से,
क्या ज़िक्र करूँ,
क्या जमा करूँ,
हैरान हूँ देख कर,
अपने सब्र के पैमाने को,
क्या सब्र ही मांग लूँ और खुदा से।

36. ख्याल उनका

मुझे आता है ख्याल उनका,
हर एक ख्याल में,
उन्हें है ये रंज,
कि मैं गुम हूँ किन ख्यालों में।

मुझे है सब कुछ कहना उनसे,
उनके ख्याल से निकलूँ,
तो कुछ कहूँ उनसे,
उन्हें है ये रंज,
कि मैं कुछ कहती नहीं उनसे।

37. अभिव्यक्ति

क्या कहूँ,
क्या ना कहूँ,
क्यों है डरता,
खुद को रोकता,
झिझकता,
अभिव्यक्ति से,
धुँध की परवाह क्यों,
प्रतिकूलता,
प्रतिरोध,
दोनों करते,
धैर्य का परीक्षण क्यों,
व्यक्त करने को,
मुक्त होने को तरसता,
भावनाओं की जंजीरों में,
है जकड़ा,
बोझिलतायों को ढोता,

विवशताओं से जूझता,
क्या कहूँ,
क्या ना कहूँ,
मूक पत्थर बन जाता,
या हो वाचाल हाहाकार मचाता,
या एक दिन,
यूँ ही है कर देता,
अभिव्यक्त।

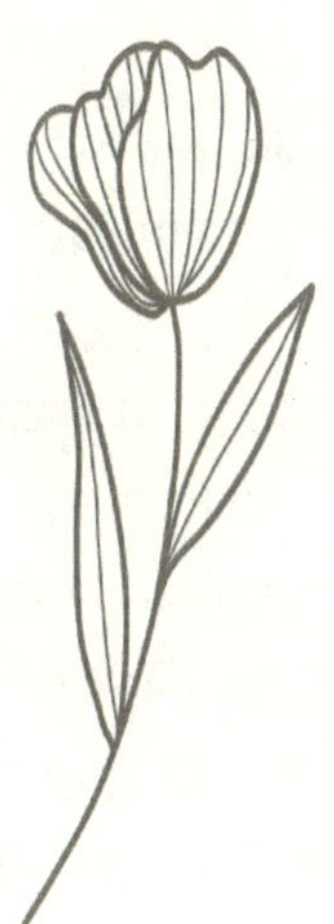

38. प्रेम तुम्हारा

निश्चल,
निस्वार्थ,
निर्मल,
है प्रेम तुम्हारा,
सिखाता,
हराता,
जिताता,
नित नए खेल खिलाता,
है प्रेम तुम्हारा,
सावन की फुहार सा चंचल,
गुदगुदाती ठंडी बयार सा,
पत्तों पर थिरकती,
ओस की बूँद सा,
शुष्कता तप्त मरू की,
तिक्तता शीतलहार की,
का एहसास,
है प्रेम तुम्हारा,

बिन बात,
बतियाना,
मुस्कुराना,
सहलाना,
खिलखिलाना,
सिखाया मुझको,
प्रेम तुम्हारा,
मुझको तराशा है,
सँवारा,
और सहेजा,
रूह-ए-रवाँ है,
कितनी खास,
है प्रेम तुम्हारा।

39. साधारण सा बचपन

खड़े हैं हम बदलाव की,
एक नई देहरी पर,
जहाँ बदल गया है,
आशय बचपन का,
और कर रहा धारण,
रूप प्रौढ़ता का,
विलुप्त होता,
अस्तित्व बचपन का,
और हो रहा भाव रहित,
लिप्त तकनीकी लत में,
कोना कोना मन का,
है अशांत और अधीर,
पैसों से तौला भरा जा रहा,
खालीपन बचपन का,
सहजता से बेखबर,
कुछ और ही रच रहा,
है कहानी बचपन का।

दे रहा है दस्तक आज,
और उमड़ रहा है मन में,
ढेरों किस्से समेटे बचपन का,
यादों के पल में,
जब माँ की दुलार,
पिता का प्यार,
और दादी-नानी,
की कहानियों से होता,
बोध संबद्ध संस्कार का,
बनाता था स्वावलंबी,
मार्गदर्शक मेरे अस्तित्व का,
साधारण सा बचपन मेरा।

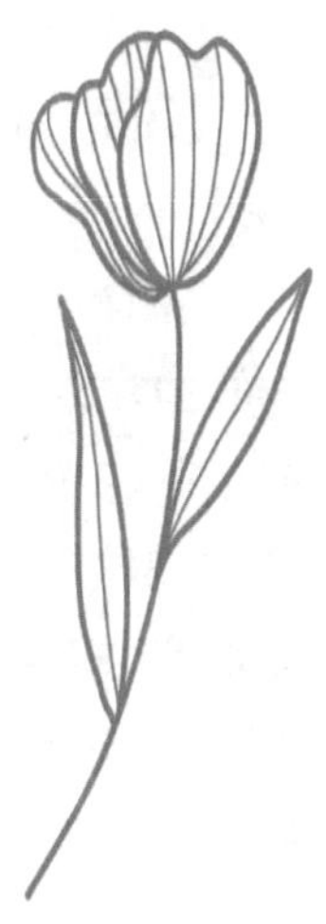

ऐसा ही एक,
साधारण सा बचपन,
देना चाहती हूँ
अगली पीढ़ी को,
जब शाम ढले,
अनंत के तले,
ना गम था,

ना थी परेशानियाँ,
दादी-नानी के,
माथे की सिलवटों में छुपी हुई,
थी किस्से कहानियाँ,
वक़्त की दी हुई,
वह बेशकीमती निशानियाँ,
सजे चौपाल,
मंदिर में होती आरतीयाँ,
वेद पुराणों को बांचा,
और खंगाल कर अतीत को,
सुनाई,
सुनी अनसुनी गाथाएं,
जहाँ आमोद-प्रमोद की,
बरसती रहती रश्मियाँ,
चौबारे और गलियों में,
होती थी जो हलचल,
वह परिवेश देना चाहती हूँ,
पोशम्पा चोर-सिपाही,
और पकड़म पकड़ाई वाली,
ऐसी ही एक आह्लादित,

शाम देना चाहती हूँ,
सहज-सुंदर जीवन,
एक साधारण सा,
बचपन देना चाहती हूँ।

वो शरारतें छोटी-छोटी,
बिन बात ज़िद पर अड़ जाना,
रूठना,
न भी कोई मनाए,
तो भी मान जाना,
गिलहरियों को दौड़ाना,
और पीछे भागना,
कोयल की कूक से कूक मिलाना,
अमराई में कैरी तोड़ना,
और जेब भरा आम के टिकोरे से,
हो जामुन से रंगे होंठ,
और बारिश में झूमना,
ईमली की झाड़ में,
और पीपल की आड़ में,
सावन में नहाते खेत का,

घरौंदा गीली रेत का,
सहज-सुंदर जीवन,
एक साधारण सा,
बचपन देना चाहती हूँ।

जाती हुई तहजीब,
आती हुई बदमिजाजी से दूर,
काम की मसरूफियत,
ज़िन्दगी की प्रतिस्पर्धा,
और लाखों कश्मकश से दूर,
फुर्सत के लम्हों वाली,
शाम देना चाहती हूँ,
खुशियों की आतिशबाजियाँ,
चेहरों पर अतुलनीय सुकून,
और फूलों सी खिलती हँसी,
देना चाहती हूँ,
आकाश सा विस्तृत,
और बेख़ौफ़ बचपन देना चाहती हूँ,
एक सहज साधारण सा,
बचपन देना चाहती हूँ।

40. मन और चेतना

मन की सक्रियता,
और दिन की व्यस्तता,
से भागता हुआ,
नयी राह तलाश्ता,
अतीत को दोहराता,
या भविष्य का पूर्वाभ्यास कराता,
उलझी गुत्थियाँ सुलझाता,
अनभिज्ञता और व्याकुलता से,
सहज बोध को आँकता,
और तार्किक हल बताता,
चल रहा द्वन्द है,
निरंतर हैं प्रयासरत,
पूर्णता के लिए,
विश्लेषण और निष्कर्ष के भय से,
क्या मैं सचेत हो रहा,
या भीतर असंतोष व्याप्त है,

इस द्वन्द में होती किसकी जीत है,
अथाह विचारों की आवाजाही में,
कौन किसको,
थोड़ा-थोड़ा करके,
दे रहा मात है।

41. टालमटोल

मन में कैसी यह,
विषम पुकार है,
विलंब है आगे मेरे,
या हूँ मैं समय के पीछे,
बैठा अनंत विचारों के साथ हूँ,
व्यस्तता की मार है,
या कम है एकाग्रता,
नहीं छोड़ती साथ मेरा,
ऊब और शिथिलता,
चंचल मन के हैं पंख फूटते,
चर्चा के विषयों से हैं दूर उड़ते,
निगाहें टिकी हैं,
दूर टिमटिमाती रोशनी पर,
टालमटोल पसार रहा पाँव है,
समर्पण और उत्तेजना चीखती,
मलबे में दबी जा रही जागरूकता,

कल्पना हो ज्वलंत,
देख रही दिवास्वप्न,
विलंब पर कविता करने को,
मैंने सोचा इस बार है,
और ढूँढ रहा जो शब्द मुद्दतों से,
तुकबंदी करने को,
वह टालमटोल का उस्ताद है,
अब हो रहा एहसास,
भुगतान में है एक कीमत भारी,
अगर भूले से भी,
आज का काम कल पर छोड़ा,
वक़्त करता हाल बेहाल है।

42. एक कलम की आत्मकथा

पूछे एक कलम,
कहो क्या लिखूँ,
या ना लिखूँ मैं,
लिखूँ मैं,
अपनी कथा,
अपनी तरक्की,
सिफ़ात और अपनी खुशबू को,
या कहो,
कहूँ अपनी व्यथा,
उन ख़्वाबों और ख्यालों को,
या अनचाहे-अनजाने,
खो रहे अस्तित्व को।

लिखूँ मैं ज्ञानी के ज्ञान को,
या लिखूँ उसकी अनभिज्ञता को,
लिखूँ कुछ ऐसा की क्रांति ला दे,

या कहो लिखूँ,
भूत, वर्तमान और भविष्य के मूल को।

लिखूँ मैं,
ज़िंदगी के लम्हात को,
कुछ दर्द पुराने लिखूँ,
या कहो,
हर उस लम्हें के,
कुछ नक़्श छोड़ जायूँ तख़्ती पर,
उसकी नियत को लिखूँ,
या नीयति के नियत को।

लिखूँ मैं फ़स्ल-ए-गुल को,
या ज़िक्र-ए-यार को,
या कहो लिखूँ,
ख़त और जवाब उसके,
या लिखूँ अपनी नादानियों को।

लिखूँ नई सुबह के संग,
फ़ज़ा की रंगत नई,

लिखूँ मचलती लहरें सागर की,
या चमकते हिम शिखर को,
भीगी हुई सी रात लिखूँ,
या कहो लिखूँ,
ख़ुश्क आँखों से बहते लहू को।

लिखूँ मैं जहान-ए-ख़राब,
आदत-ए-अक़रब लिखूँ,
या कहो लिखूँ,
बेकसी बेहिसाब।

पूछे एक कलम,
कहो क्या लिखूँ,
या ना लिखूँ मैं,
मेरे दोस्त फ़साना-निगार,
अब तू ही कुछ बता,
चाहे बदले जितने भी सफ्हे,
लिखूँ मैं हर्फ़-दर-हर्फ़ वही।

पाठकों के लिए धन्यवाद संदेश

एक प्रश्न है,
उठा मन में,
जो शाश्वत है,
पाठक के बिना,
बोलो कब है,
लेखक बना,
दर्शकों के बिना,
क्या कला का अस्तित्व है।

प्रिय पाठक,

अपने पाठकों के बिना लेखक कौन है?

क्या है उसका अस्तित्व?

क्या दर्शकों के बिना कला का अस्तित्व होगा?

मुझे जवाब नहीं पता।

मगर मुझे पता है यह एक शब्दाडंबरपूर्ण प्रश्न है। यह एक शाश्वत प्रश्न है -

जब भी मैं लिखती हूँ - मैं अपने पाठकों को ध्यान में रखकर लिखती हूँ।

पाठक लेखक का दर्पण होते हैं और कोई भी लेखक अपने शब्दों और विचारों का प्रतिबिंब पाठक में देखता है।

विचारों और भावों को वाक्यों में अनुवाद करने और उन्हें आकार देने में मदद करते हैं, और आप उनके साथ संवाद भी करते हैं।

यह जानते हुए कि ऐसे लोग हैं जो वास्तव में हमारे द्वारा साझा किए गए विचारों में रुचि रखते हैं, यह इसे और भी रोचक बनाता है।

यह बातचीत के लिए जगह बनाता है - लेखन एकालाप नहीं है। बातचीत का ही रूप है, और लेखन अभिव्यक्ति का बहुत अच्छा माध्यम है।

यह जानना एक अवर्णनीय अनुभूति है कि आपने किसी के जीवन को छुआ है, शायद उसे थोड़ा बदल दिया है।

या बस उन्हें एक ऐसी चीज़ की याद दिला दी है जिसे वे पहले से जानते हैं।

लेखन उन लोगों को दोस्ती का पैगाम देता है, एक नया रिश्ता बनता है, जिनसे हम कभी मिले ही नहीं हैं और शायद ही कभी मिलें।

कोई फर्क नहीं पड़ता कि हम कहाँ हैं और हम कौन हैं, हमें जोड़ता है।

तो उन सभी पाठकों को भावपूर्ण धन्यवाद और अगली पृष्ठ पर कुछ पंक्तियाँ खास आपके लिए।

मैं शुक्रगुजार हूँ उन तमाम लोगों का जिन्होंने इस सफर को और भी शानदार और खास बना दिया।

मैं शुक्रगुजार हूँ आपके साथ, प्रशंसा और आपके निरंतर प्रोत्साहन का जो मेरे बिखरे शब्दों को एक काव्य संग्रह का रूप देने को प्रेरित किया।

मैं अपने आप को अति भाग्यशाली मानती हूँ कि मुझे यह सानिध्य मिला। मेरे जीवन में कुछ ख़ास लोगों का स्नेह और आशीर्वाद है।

जिन्होंने हर क्षण क्षणीक या शाश्वत मुझे प्रेरित किया है।

आप सभी का आभार

मृदुला पाठक

निराशा की निर्जीवता में,
असमर्थता ने जब भी,
है जकड़ा मुझे,
तूँ उजास की राह दिखाता रहा,
जब भी रुकी कलम मेरी,
तूँ बन कर शब्द कोश,
मुझे नित नए शब्द सूझाता रहा,
उन्माद और तनाव में,
दिशाविहीन भटकती,
और थकान ने जब भी,
है जकड़ा मुझे,
अड़चनों से लड़ना,
तूँ बन कर श्रोत ऊर्जा का,
उल्लास प्रवाहित करता रहा।

मैं शुक्रिया अदा करूँ आपका,
तो कहो करूँ कहाँ तक,
मैं पेश करूँ भी,
तो कहो कैसे पेश करूँ,
शब्दों का समर्पण है,
संपूर्ण समर्पण भाव है,
मगर शब्द अब,
मेरे शब्द कोश में कम पड़ते हैं,
जो भी लिखे हैं,
गीत नज़्में मैंने,
सब अर्पण है तुमको,
स्वीकार करो इस को,
है समर्पित कहो कहाँ तक करूँ।

www.ingramcontent.com/pod-product-compliance
Lightning Source LLC
LaVergne TN
LVHW101923220826
846093LV00009B/350

* 9 7 8 1 6 8 5 3 8 9 9 1 8 *